POÈMES DE PARIS

DU MÊME AUTEUR

LES CHIMÈRES, poésies couronnées par l'Académie française (2ᵉ édition).

L'IDOLE, sonnets.

LES SOUVENIRS, sonnets.

LES VILLES DE MARBRE, poésies couronnées par l'Académie française.

L'ADIEU, poème.

LE PETIT SALON (en vers), deux années 1876-1877.

PRINTEMPS PASSÉ, poème parisien.

AU FIL DE L'EAU, poésies.

EN PRÉPARATION

CHANSONS ET MADRIGAUX.

ALBERT MÉRAT ET LÉON VALADE

AVRIL, MAI, JUIN, sonnets (épuisé).

INTERMEZZO, poème traduit de Henri Heine.

Imp. A. DERENNE, Mayenne. — Paris, boul. Saint-Michel, 52.

ALBERT MÉRAT

POÈMES DE PARIS

PARISIENNES
TABLEAUX & PAYSAGES PARISIENS

PARIS
ALPHONSE LEMERRE, ÉDITEUR
27-31, PASSAGE CHOISEUL, 27-31
M DCCC LXXX

PARISIENNES

A THÉODORE DE BANVILLE

L'OUVERTURE DU SALON

C'est aujourd'hui spectacle et c'est une première !
Seulement ce n'est pas le soir, ni la lumière
Du gaz qui fait valoir la scène et le décor,
Mais le soleil de Mai charmant et pâle encor.
Les grands salons sont peints de nymphes peu vêtues,
Les massifs du jardin blanchissent de statues,
Et rien n'est plus joli que toutes ces couleurs,
Ces groupes sur les murs, ces gestes dans les fleurs,
Ces tons clairs et précis ou ces notes voilées
Dans un vague lointain de salles et d'allées.

Devant un bon tableau dont on connaît l'auteur
La foule est immobile, ou passe avec lenteur ;
C'est comme dans le monde une fête choisie
Mais où l'on est vêtu selon sa fantaisie,
Sans la mise uniforme et le triste habit noir.
Les femmes qui s'en vont souriantes, sans voir,
Marquant un nom d'un trait délicat ou facile,
Portent tout simplement la toilette de ville :
Cette toilette fraîche et frêle que l'été
Fait encore plus belle en sa légèreté,
Si savante, malgré sa façon ingénue,
Que le velours tenant sur une épaule nue
A peine, en un hasard de chute qu'on attend,
N'a rien de moins sévère ou de plus irritant.
L'étoffe modelée à la courbe des hanches
Est une trahison sous les dentelles blanches ;
Les chapeaux sont des fleurs et même des oiseaux,
Et ces pièges d'amour prennent à leurs réseaux
Les rêveurs éblouis, qui, toute une journée,
Vivent d'une figure exquise ou chiffonnée.

Lorsque l'on sort, lassé d'avoir vu sur les murs
Des villages, des ciels étincelants et purs,
De blanches nudités sincères ou menteuses,
On suit, sans y penser, les blondes visiteuses,
Les robes que les pas rhythment comme un essor,
Les belles nuques d'ambre où court un frisson d'or ;
Et quand, les yeux éteints et les jambes brisées,
On revoit le printemps dans les Champs-Élysées,

Tout ce monde factice et vide disparaît.
Les grands maronniers sont comme un peu de forêt ;
Le vrai soleil rayonne et peint avec des flammes
Un caprice nouveau de toilettes de femmes.

TOILETTES D'ÉTÉ

A·J. GUILLEMET

L'été quand le soleil couchant
Déploie au ciel ses oriflammes,
Je me réjouis en marchant
A voir les toilettes des femmes :

Ce tourbillon extravagant
De percales ébouriffées,
De plis retenus sous un gant,
De mousselines pour les fées :

Des plumes, des jais, des paillons
Dont les singes seraient bien aises,
Des nœuds comme des papillons,
P... ... images japonaises.

Tout le fouillis parisien,
Les riens charmants d'une vitrine,
Relevés par le goût ancien
D'un bijou d'or sur la poitrine ;

Des caprices hors de propos,
Des incartades enfantines,
Des rêves de petits chapeaux
Et des trouvailles de bottines.

Pour la forme et pour la couleur
Ces toilettes semblent écloses
D'un oiseau-mouche et d'une fleur
Ou d'un souffle d'air sur des roses.

Périsse le chiffon d'hier,
Pourvu qu'un plus joli renaisse !
O variantes de cet air :
Élégance, charme et jeunesse.

Bouillons, jupons bouffants, volants,
Cols gaufrés montant sur la nuque,
Guipures noires, tulles blancs,
Cheveux plus lourds qu'une perruque ;

Ombrelle longue en taffetas,
Dentelle frêle des voilettes,
Laissant derrière chaque pas
Comme une odeur de violettes ;

Poëme fin, frivole et fou,
Strophe du pied et du corsage,
Rhythme de la taille et du cou,
Vous confondez l'esprit du sage.

LA MESSE DE MIDI

A FRANÇOIS COPPÉE

Sous la neige d'hiver ou le ciel attiédi,
La dévote mondaine arrivant à midi
Arrête sa voiture et descend. — La toilette,
C'est la femme. De la bottine à la voilette
Pas une seule erreur de goût. Chaque degré
Est franchi d'un pied fin, trop rapide à mon gré.
N'ayant jamais péché comme la Magdeleine
Dont l'église, à cette heure, est rayonnante et pleine,
Elle entre, ayant aussi son âme pour beauté,
Trempe dans l'eau bénite un petit doigt ganté,
Regarde où l'on en est à peu près de l'office,
Et s'agenouille enfin ; puis offre en sacrifice
Son pauvre petit cœur qui n'a jamais souffert ;
Et, le bas de la robe un instant découvert,
Où la dentelle au blanc des volants se marie,
Retombe, et l'on dirait un papillon qui prie.

Devant cette prière exquise, en chapeau bleu,
On rêve d'être au ciel et d'être le bon Dieu
Pour exaucer le vœu de cette bouche rose
Qui demande d'un ton si bas si peu de chose :
Un bracelet plutôt de diamants que d'or,
Le bonheur d'un bébé charmant qui tette encor,
Si le docteur n'a pas menti, si cette fièvre
Est loin, avec le feu qu'on avait sur la lèvre,
Si demain soir l'aura tout à fait effacé
Et si l'on sera mieux que Madame de C...
Vraiment il faudrait être un bon Dieu bien farouche
Pour ne pas écouter ce que dit cette bouche,
Pour n'être pas touché, du plus profond des cieux,
De ces longs cils dévots abaissés sur les yeux,
De ces élancements élégants et mystiques
Qui prouvent le bon ton et les saines pratiques ;
Et quand elle a fini, fleur de dévotion,
Sa prière qu'embaume un parfum d'onctiou,
Elle ferme son livre, et tranquille se lève ;
Ses regards sont noyés de ferveur et de rêve.
Belle, sans déranger de chaises, lentement
Elle marche, et s'en va dans un frissonnement.

AU BOIS

A JOSÉ MARIA DE HEREDIA

Le coupé de Madame est avancé : l'on part.

Dans le coin préféré seule et comme à l'écart,
Se blottissant avec des gestes d'hirondelle,
Elle ne laisse voir, délicats autour d'elle,
Que des frissons de jupe et des volants frileux.
Elle rêve : son rêve aux vagues pays bleus
Guide par un fil d'or la mobile pensée,
Au grand trot des chevaux mollement cadencée.
La robe a l'abandon capiteux du peignoir.
La livrée est correcte et l'attelage noir ;
Le panneau sombre est peint d'armes fleurdelisées,
Et la voiture va dans les Champs-Élysées.

Comme le jour est froid déjà pour la saison,
La portière fermée encadre un horizon

D'hôtels que le regard ne voit pas jusqu'au faîte.
C'est l'heure convenue où le Bois est en fête.
Sur l'avenue, après le grand arc triomphal,
Elle voit dans leur fin costume de cheval
Les cavaliers gantés, et tout ensoleillée,
Aux saccades du trot luire la contre-allée.
Les voitures ont pris la file autour du lac.
Tout en rêvant d'un air de Glück ou d'Offenbach,
Elle retrouve enfin la ville revenue,
Le coupé noir ou bleu d'une actrice connue ;
La calèche d'un luxe aimable et triomphant
D'une amie au grand nom, belle de son enfant,
Qui met, avec le goût d'une femme du monde,
Près d'elle le bouquet de cette fraîcheur blonde.
On se salue. Au loin le décor est charmant.
La file s'embarrasse et s'arrête un moment,
Puis repart ; et le soir qui tombe sur les branches
Fait tourner sur le fond obscur des formes blanches
Qui vivent et qui sont des femmes de vingt ans.
Ce ciel d'automne est pur comme un ciel de printemps.
On rentre. — On passera chez soi cette soirée,
De fleurs tout simplement et de grâce parée,
Et bien qu'on soit nerveuse et fatiguée un peu,
On laissera causer Monsieur au coin du feu.

AU THÉATRE

A M. LE GÉNÉRAL PITTIÉ

N'avez-vous pas aimé quelquefois tout un soir,
La jeune fille entrant ou qui vient de s'asseoir
Dans sa loge, avec un parfum de violette ?
La fleur dans les cheveux relève la toilette
Faite de l'accord fin des tons roses et gris :
A cette grâce simple on reconnaît Paris.
Dans ces beaux yeux profonds et sans éclat frivole
L'âme vers la clarté comme un cygne s'envole ;
Le front qui pense luit de leur azur serein :
Telle la « jeune fille à l'œillet » de Flandrin.
Par moment sur la bouche harmonieuse et rose,
Papillon délicat, un sourire se pose,
Choisissant avec grâce et comme par hasard
Les plus exquises fleurs au jardin de Mozart,

2

Et l'on sent la fraîcheur adorable goûtée
A la pose du bras et de la main gantée.

Auprès de cette enfant, sous le ciel de ses yeux,
On pense à ces matins calmes et glorieux
Où l'âme qu'étreignait le printemps se desserre
Au regard d'un soleil magnifique et sincère,
Dans la sécurité candide de l'amour.
Le soir même tiendra les promesses du jour,
Et ce sera dans l'ombre et sous de légers voiles
L'extase, et le lever sans nombre des étoiles,
Si bien que le spectacle en un songe achevé...
A peine on s'aperçoit que le cœur a rêvé.

LE PARC

A HENRY ROUJON

Sans être grand, le parc a presque des lointains,
Et ne montre parfois des lourds palais hautains
Qui l'entourent, faisant des lignes un peu dures,
Qu'une blancheur légère à travers les verdures.
Il est quasi royal et demeure bourgeois.
Par places, c'est le rêve évoqué de nos bois,
Mêlant des noms connus et des odeurs rustiques
A l'éclat sans parfum des plantes exotiques.
Il a pour les passants et pour les amoureux
Des chemins fin-sablés et des sentiers ombreux.
Le velours toujours frais de ses larges pelouses
Rendrait, même à Meudon, les collines jalouses.
Le matin dans l'air bleu du jardin vaut le soir,
Il est bon d'y marcher rêveur, ou de s'asseoir
Sur un banc qui vous garde une place isolée
— Une calèche tourne avec la grande allée ;

Des femmes dont le goût a des soucis constants,
Et dont les yeux plus vifs annoncent le printemps.
Pour un rayon d'avril retrouvant leurs ombrelles,
Sans voir les rameaux fins qui verdissent sur elles,
Passent, et la beauté de rose d'un enfant
Envoie à leur jeunesse un reflet triomphant.

Pour relever encor la grâce parfois terne
Et la réalité de notre âge moderne,
De minces fûts coiffés d'un frêle chapiteau,
Ainsi que l'on en voit aux fêtes de Watteau,
Frais décor figurant une ruine exquise
Mis là pour caresser un rêve de marquise,
Se dressent dans l'effet d'un vague demi-jour,
Colonnade-bijou d'un temple de l'Amour !
Pour rire à cette courbe adorable des lignes,
L'eau claire d'un bassin s'écoule sous deux cygnes.
Les duchesses qu'un vers de Dorat conseillait,
Les fins abbés de cour en habit violet
Ne sont plus, mais ces morts et ces mortes légères
Qui n'étaient qu'un rayon sur des fleurs passagères,
Et dont la saison vient à peine de finir,
Hantent ce coin charmant, bleu de leur souvenir.

CHEZ UNE AMIE

A PAUL BOURGET

Non pas le monde : mais la longue causerie
Dont la forme légère et charmante varie ;
Des amis, des croyants aux belles rimes d'or,
Des poètes ayant pour cadre le décor
D'un salon rouge et noir qu'ennoblissent des livres ;
Des acanthes tordant leurs feuilles dans des cuivres,
Des arbustes connus, exotiques et verts ;
Sur la table d'ébène un volume de vers,
Les projets glorieux, les sûres confidences,
Et parfois la musique exquise, sans les danses ;
Et plutôt que Wagner, ce génie allemand,
Au soupçon d'un désir indiqué seulement,
La dame du logis, virtuose parfaite,
Jouant l'air des enfants de chœur dans le *Prophète*,
Ou, charmante à l'excès, pour plaire à tous les goûts,
De vieux chants étrangers, populaires et doux.

2

A JEANNE

Petite voisine de table,
Vous avez un rire charmant ;
Vous n'êtes pas insupportable
Et vous mangez très proprement.

Comme une femme qui caquette
Vous eûtes des airs provoquants,
Et fûtes avec moi coquette,
O ma voisine de cinq ans !

Je vous faisais une cour vague
Et n'étais plus vieux ni grognon.
Vous me fîtes voir une bague
A votre doigt rose et mignon.

Vous étiez fière sans emphase ;
Votre œil brillait clair et malin,
Et je regardais en extase
Vos beaux cheveux couleur de lin.

Même au dessert, votre visage
Ne changea pas. Votre maintien
Fut d'un philosophe ou d'un sage :
C'est difficile et c'est très bien.

Épris de vous, l'âme ravie
De votre bouche de carmin,
Quand on se leva, j'eus envie
De vous donner non pas la main,

Mais le bras, comme aux demoiselles
Qui quelquefois nous rendent fous,
Et ne sont pas toutes chez elles
Aussi gracieuses que vous.

FOYER DE COMÉDIENS

A PIERRE ELZÉAR

La robe à guimpe avec les manches à gigot !
C'est bien cela. L'on est mise comme un fagot,
Gauche, tout engoncée ; on est « *la Demoiselle*
« *A marier* ». Monsieur Scribe dîne chez elle.
La mère a des chapeaux d'oiseau de paradis ;
Un jour on a de loin vu danser Charles Dix.
On porte les cheveux en bandeaux sur la tempe,
En coques au sommet. On a l'air d'une estampe
De Tony Johannot ou de Devéria.
Ma tante était ainsi quand on la maria.
On a le sein caché sous la robe montante,
Mais la bottine puce est toujours irritante ;
D'ailleurs la jupe est courte et le pied est charmant.
« *Séduisante Zulmé, je t'adore* ! » Vraiment
Malgré leur frac barbeau, leurs faux mollets, nos pères
Auprès de *ces beautés* goûtaient des jours prospères.

— Avec cela, le teint d'une rose de mai...
Et je songeais devant ce printemps embaumé
Que la grâce adorable et folle de nos modes
Ne fait pas nos habits plus beaux ou plus commodes,
Et que nous devons tous dans un temps assez court
Être sans le savoir *Zénaïde* ou *Valcourt*.

A UNE DANSEUSE

AGÉE DE SEPT ANS

Puisque pour ce ballet folâtre,
Au lieu de vous coucher le soir,
Étant danseuse de théâtre,
On vous défend de vous asseoir ;

Puisque vous n'avez pas l'extase
De l'herbe où l'on court, ni du jeu,
Et qu'on vous habille de gaze
Au lieu de vous vouer au bleu ;

Puisque votre mère, occupée
A préparer votre destin,
Ne vous donnant pas de poupée ;
Vous donne aux autres pour pantin ;

Qu'au lieu de sauter à la corde,
Vous dansez un pas triomphant,
O mignonne, je vous accorde
Que vous n'êtes pas une enfant.

Vos beaux yeux noirs, pleins d'une flamme
Que le public encouragea,
Brillent, pauvre petite femme,
Qui tâchez de plaire déjà.

Au moins, composant votre mine,
Vous remuez avec plaisir
Vos pauvres jambes de gamine ;
Et puis vous n'avez pu choisir !

D'ailleurs vous êtes plus jolie
Cent fois, baby rose et charmant,
Que ces sauteuses sans folie
Qui se démènent tristement ;

Et la foule des ingénues
Ne regarde pas sans aigreur
Vos épaules grêles et nues
Naturelles dans leur maigreur.

Étincelante dans ce bouge
Comme un rayon limpide et doux,
Vos lèvres sont d'un joli rouge
Et vos quenottes sont à vous.

Comme dans le ballet des *Nonnes*,
Vous laissez flotter vos cheveux.
J'admire vos grâces mignonnes;
C'est à mon plaisir que j'en veux ;

Et je songe, hélas! aux chéries
A qui l'on dit : « L'air est vermeil;
« Allez jouer aux Tuileries,
« Et prenez garde au grand soleil. »

A MARIE

Tes cheveux blonds sont pareils
Aux seigles que l'été dore.
La nuit berce tes sommeils,
Où ta bouche rit encore.

Tes yeux bleus sont des bluets.
La grâce, sans pâleurs mièvres,
Fit de ses pinceaux fluets
Le coquelicot des lèvres.

— Vous avez le réveil clair
Des tranquilles matinées,
Et longtemps vous avez l'air
Radieuses d'être nées.

Nos sourires sont à vous
Qui les faites. Viens, mignonne,
Prendre d'assaut mes genoux,
Les voici, je te les donne;

3

Je te donne mes cheveux
Pour les tirer à ta guise ;
En échange, je ne veux
Rien que la fable promise ;

Dis le *Chêne et le Roseau*,
Puisqu'on t'apprend le vieux maître,
Et fais de ta voix d'oiseau
Chanter l'idée et le mètre ;

Et pendant que tu diras,
Serinette bien aimée,
Les grands vers, tes petits bras
Écarteront la fumée

De mon cigare, à travers
Laquelle ma fantaisie
Caresse, en suivant les vers,
Ta vivante poésie.

PATINEUSES

A ERNEST DUEZ

Il gèle : il a neigé. Les arbres sont tout blancs.
Le soleil aux regards-éloignés et tremblants
Passe à travers les grands massifs et les fait roses.
Les patineurs épars se penchent dans des poses
Gracieuses, quand c'est le petit pied mutin
D'une femme qui chausse et lace le patin.
La glace toute neuve est de la nuit dernière.
On la tâte, on s'essaie, on part à sa manière,
Bien ou mal, et parfois les deux pieds en avant.
L'Anglais se reconnaît à son style savant,
Le Polonais, le Russe aussi. Paris progresse,
Mais c'est plutôt du bel entrain et de l'adresse.
Que de hauts faits perdus, que de noms oubliés !
Mais les héros sont-ils jamais humiliés
Lorsque l'histoire peut compter les héroïnes !
La frileuse aux yeux bleus qui comme les hermines

Mourrait d'un peu de boue offensant sa fraîcheur,
Est brave si la tache est faite de blancheur.
L'œil, troublé par le vol des jupes lumineuses,
Suit l'essaim tournoyant des belles patineuses,
Les mains dans le manchon, seules ou nous laissant
Prendre leur taille, ainsi que l'on fait en dansant.
Les roses d'un froid gai les colorent, parure
Du teint et sur le cou frissonne la fourrure.
Des groupes reliés par une perche ont l'air
D'un ballet du *Prophète*. Avec un rire clair
Ils vont, et sur la glace unie et sans embûche
Se disjoignent ; le pied tourne à faux et trébuche ;
Le désordre se met dans les rangs ; un traîneau
Passe ; la glace crie et le mouvant tableau
S'embellit de la courbe et de la grâce insigne
Du traîneau dont l'avant semble le col de cygne.
Parfois l'aplomb peu sûr de deux bras élégants
Trace sur l'horizon des traits extravagants.

Les étoiles d'argent dont la branche est fleurie
Tombent le long du bord sur ce bal de féerie,
Et, le soir, s'efforçant à des exploits plus beaux,
On se retrouvera pour la fête aux flambeaux.

EN SOIRÉE

A LÉON VALADE

Dans la pièce petite avec peine agrandie,
Pendant que l'on jouait hier la comédie,
·Et qu'un docteur en droit ondoyant et divers
Faisait au docteur Faust dire ses propres vers,
Je regardais (le monde a des heures clémentes),
A quelques pas de moi deux épaules charmantes,
De trente ans, l'âge habile à se décolleter,
Que dans un vers durable on eût voulu sculpter,
Et sans voir la figure évidemment divine.
Je lisais sa beauté comme un mot qu'on devine
A la blancheur, à l'or des cheveux sur le cou,
A la robe tombante, hélas! à rendre fou,
A cette odeur d'amour dangereuse aux plus sages,
Qui légère, la nuit, s'élève des corsages.
Je rêvais, quand parut, ô quinze ans inouïs!
Auprès de ce blé mûr la pâleur du maïs,

2.

Une blonde, une enfant étrange, Marguerite,
Ayant son âme vierge en ses grands yeux écrite,
Dont la robe montante et toute blanche aussi
Était d'une blancheur différente, et voici,
(Tant des deux blonds exquis l'antithèse était vive!)
Que je sentis aller mon cœur à la dérive,
Et mon rêve, tremblant de faire un choix peu sûr,
N'osa pas préférer le maïs au blé mûr.

A CÉCILE

Laissez, croyez en l'avis qu'on vous donne,
Tous ces livres presque aussi gros que vous ;
Parmi vos amis, vous avez, mignonne,
Trop de *Chaperons-rouges* et de *Loups*.

Je sais qu'à six ans vous êtes très sage,
Et que lorsqu'ils font au jeu trop de part,
Guettant les petits enfants au passage,
La Paresse en fait des ânes plus tard.

Pourtant votre mère est là qui vous aime,
Et parfois a peur en vous regardant,
A voir son enfant pâle et presque blême
Qui lève vers elle un grand œil ardent.

Si vous écoutez toutes les sornettes
De ces enjôleurs qui content si bien,
Votre nez, pour sûr, aura des lunettes
Un jour, et sera grand comme le mien !

Vous serez pareille aux institutrices
Anglaises, qui vont en montrant les dents ;
Car un diable fait les vieilles lectrices
Sèches au dehors non moins qu'au dedans ;

Et ce soir encor, fermant sous les franges
De vos beaux cils bruns vos yeux engourdis,
Comment ferez-vous pour rêver des anges
Qui font les joujoux dans le paradis ?

LES POUPÉES

A ANDRÉ GILL

Tandis que les petits garçons
Font d'effroyables unissons
De tambour, la petite fille
Avec sa poupée, à mi-voix
Cause, grave et douce à la fois,
Ou bien, sans rien dire, l'habille.

A la vitrine de Giroux
La poupée a des cheveux roux,
Ainsi qu'une actrice à la mode.
J'ignore comment les mamans
Expliquent ses airs alarmants...
Ça ne doit pas être commode.

Celle-ci naquit à Paris :
Elle est gaie et semble avoir pris

Une coupe ou deux de champagne.
Celle-là, moins à redouter
Est nourrice et donne à téter ;
Elle arrive de la campagne.

Une autre avec de hauts talons
Et de vrais cils, noirs mais trop longs,
Par tous les temps de la semaine
Traîne un bichon gros comme rien ;
Est-ce elle qui mène le chien ?
Est-ce le bichon qui la mène ?

Une autre encor, lys et carmin,
Comtesse au faubourg Saint-Germain,
A sa voiture armoriée.
Un laquais aux yeux de faquin
La suit à Saint-Thomas-d'Aquin
Près d'elle est une mariée.

Toutes montrent un luxe fou.
Leur chapeau va comme un bijou
A leurs têtes ébouriffées.
Les souliers nains, les petits gants
Valent des prix extravagants ;
Leurs couturières sont des fées.

Une grande madame attend
Des visites : il en vient tant !

La chambre est déjà toute pleine.
— Les bébés sont bien plus jolis :
On les arrange dans leurs lits
Sous la couverture de laine.

Petites filles, croyez-moi,
N'ajoutez pas beaucoup de foi
A l'air heureux de vos poupées ;
Regardez vos mères, le soir,
Qui près de vous viennent s'asseoir,
Charmantes, à coudre occupées.

Leur front tranquille, leurs beaux yeux
Qu'elles baissent valent bien mieux
Que ces mines évaporées,
De coquettes à falbalas !
— Et puis songez qu'il est, hélas !
Des mignonnes moins adorées :

Des enfants blondes comme vous,
Dont les regards aussi sont doux,
Qu'on réjouit pour peu de chose,
Pour une poupée à ressort
Qui coûte deux sous, et qu'endort
Une bouche petite et rose.

LES SOUPEUSES

A JEAN BÉRAUD

Si le désœuvrement du rêve vous conduit
Dans les grands restaurants où l'on soupe la nuit,
Regardez, méfiant des promesses trompeuses,
Le troupeau lamentable et pâle des soupeuses;
Ces traits où la beauté reste lisible encor,
Ces bras nus et cerclés de minces anneaux d'or;
Ces fronts blancs qu'ont baisés des nuits de toutes sortes,
Ces yeux fixes et froids comme les yeux des mortes,
Et, malgré tout cela, le goût parisien
Qui s'arrange de tout et se pare de rien.
Si l'on porte une main frivole à leur corsage,
Au lieu d'un battement ou des rondeurs d'usage,
On rencontre, en façon hélas! de billet doux,
Une carte à payer mise en ce lieu pour vous.
Elles ne parlent pas beaucoup; j'en suis bien aise.
Elles disent : « Perdreau, champagne, mayonnaise »

C'est tout ; encor la voix est sans conviction.
Pour ces femmes souper est une fonction.
Délices des vieux beaux mariés en province,
Elles sont le plaisir moderne autant que mince.
Vers quatre heures enfin, avec quelque chaland
Naïf, elles s'en vont d'un pas stupide et lent.

A AGATHE

Qu'importe, ô blonde douce à suivre,
Que vous lisiez, émue ou non,
Cette page-ci de mon livre
Où j'écris votre joli nom ?

Je ne réclame aucun salaire
Pour mon sincère madrigal.
Vous plaire ou bien ne pas vous plaire,
Il le faut bien, doit m'être égal.

Un soir d'été, pâle et jolie,
Je vous ai vue, et vos cheveux,
Du blond que j'aime en Italie,
Étaient ainsi que je les veux ;

Car, vous savez, les jeunes femmes
Qui ne sont pas blondes ont tort.
Les yeux des brunes ont des flammes,
Mais dans les vôtres le ciel dort.

Une transparence de nacre
Luit dans ce teint pur et lacté,
Teint patricien qui vous sacre
Au moins princesse de beauté.

La bouche superbe, un peu grande,
Garde un silence nonchalant.
Je ne sais pas ce que demande
Son sourire vague et troublant.

Gaie, et montrant des dents plus blanches
Que le muguet ou que le sel,
Vous laissiez tomber jusqu'aux hanches
Vos cheveux d'un or de missel.

Naturelle dans votre pose,
Modèle charmant d'un tableau,
Vous rappeliez, à peine rose,
La grâce blanche du bouleau.

Ainsi qu'une malade assise,
Vous aviez dans le grand fauteuil
Ce doux air de joie indécise
Qui suit les transes d'un long deuil.

Je vous ai dit quelques paroles ;
J'ai causé de riens, d'un bijou :
L'air remuait les boucles folles
Des petits cheveux sur le cou.

Certes je ne pourrais pas dire,
Agathe, où vous serez demain.
J'allais, j'ai vu votre sourire
Comme un rayon sur le chemin.

Le soir brilla d'une éclaircie.
Je n'ai pas touché votre doigt,
Mais mon regard vous remercie
De ce rêve blond qu'il vous doit.

A HÉLÈNE

Délicate, de pâte exquise,
Je vous ai vue en kaolin,
Bergère, soubrette ou marquise,
Ayant aux pieds votre carlin.

S'il est des bijoux que l'on taxe,
Pour leur finesse, à des prix fous,
Quelle figurine de Saxe
Est plus précieuse que vous ?

Avec des mines dégagées,
Vous donniez dans un demi-jour
A votre singe des dragées,
En peignoir à la Pompadour.

Un abbé qui s'émerillonne
Des gaillardises du dessin
Posait la mouche qui rayonne,
Noire sur la neige du sein ;

4.

Et vos deux lèvres de cerises,
Où perle un rire intelligent,
Répètent des choses apprises
Aux petits soupers du Régent.

Vous n'êtes pas de notre époque :
Il faudrait pour vous supplier
N'avoir pas notre habit baroque,
Mais être duc ou chevalier ;

Froisser un jabot de dentelle,
Dire en tournant sur ses talons :
« Palsembleu, je m'en vais, la belle,
« Vous envoyer les violons. »

Dans ce temps froid et sans chimère,
De soucis mesquins et constants,
Vous êtes comme une grand'mère,
Une grand'mère de vingt ans.

Mais vous manquez de complaisance,
Et vos sœurs de l'ancienne cour
Auraient un mot de médisance
Pour vos luttes contre l'amour.

PROMENADE A VERSAILLES

A CAMILLE PELLETAN

Il fait beau ; c'est l'été. Ne parlons pas des Chambres .
Laissons ces deux grands Corps invalider leurs membres.
Causons... l'instant est court entre les longs hivers
Pour marcher au soleil et réciter des vers.
Rappelons-nous le temps d'extase et de folie
Où nous sommes allés tous deux en Italie,
Et sur cette terrasse ombreuse aux beaux lointains
Revoyons les soirs clairs, les merveilleux matins
Où, vrais lazzaroni, sur la fraîcheur des marbres
Nous buvions la beauté de la ville sans arbres,
De Venise, où l'air bleu vous dit en souriant
Qu'il arrive de Grèce et connaît l'Orient.
Revenant à ces jours de jeunesse première,
Sous notre ciel brumeux, parlons de la lumière,
Et sans peur d'offenser quelque chose ou quelqu'un,
Evoquons Véronèse en face de Le Brun.

Laissons, nous souvenant des nuits sur la lagune,
Dormir les pièces d'eau sans en troubler aucune !
Et ville morte pour ville morte, aimons mieux
Celle où la poésie a plus chaud, où nos yeux
Qu'offense et blesse ici le marbre des perruques,
Suivaient d'une caresse amoureuse les nuques,
Et par les cheveux blonds des femmes éblouis
Ne songeaient guère au roi qui s'appela Louis.

Reverrons-nous jamais la courbe des gondoles,
Les grands Christs byzantins pareils à des idoles?
Rien n'est plus sérieux au monde que le beau.
Trop de souffles obscurs menacent le flambeau
Du rêve. Le destin, âpre comme la bise,
L'éteint bien plus souvent, hélas ! qu'il ne l'attise.
Souffrons qu'un souvenir léger et frais encor
En tire quelquefois des étincelles d'or.

LE PORTRAIT

A HENRY CROS

Les printemps sont passés où nous allions souvent
Éveiller dans les bois qu'agite un peu de vent
Les papillons couleur de soufre et les abeilles.
Deux fleurs rouges étaient ses deux pendants d'oreilles...
Et moi, qui ne connais aux rêves des oiseaux,
J'écoutais l'air enfler la flûte des roseaux ;
Puis, du ciel lumineux et du doux paysage,
Mon regard s'abaissait vers le charmant visage
Qui, rose, me disait : C'est moi qui suis le ciel !
Mon rêve se faisait proche et matériel.
Je riais ; les bonheurs ne songent pas aux tombes !
Et prenant dans mes mains comme on prend des colombes
Ses mains dont la peau semble un duvet tiède et blanc,
Ma bouche s'y posait, et mon âme, en tremblant.

Plus de chansons ! Une aube obscure de décembre
Fait luire tristement les vitres de ma chambre.

Le vent d'hiver, soufflant plaintif jusqu'aux replis
De mon cœur, va troubler les chers ensevelis,
Les morts qui dorment là comme sous une pierre.
Le jour a ces reflets d'argent dont la paupière
Est blessée, et, filtrant dans l'ombre, un rayon dur
Éclaire un portrait fin et pâle sur le mur.

Ce n'est rien qu'une simple esquisse à la sanguine ;
La tête, aux traits charmants, l'épaule qu'on devine,
Et, comme crayonné sur marge, le dessin
Du corsage tendu par la pointe du sein.
Frêle image ! la main tremble quand on la bouge.
Corrège ainsi peignait suaves, au trait rouge,
Parmi les langes frais au Paradis cousus,
La madone Marie et son enfant Jésus.
Les cheveux si légers s'envolent autour d'elle
Qu'on dirait un duvet de cygne ou d'hirondelle,
Palpitant sur la neige onduleuse du cou ;
Puis l'oreille, mignonne et grasse, sans bijou :
Que ferait un bijou sur cette nacre rose ?
La joue, épaisse un peu de contours, car la pose
Est penchée, et, plus bas, le rond ferme et charmant
Du menton, sa fossette ; et bonnes par moment
Les lèvres, autrefois sur les miennes pâmées ;
Toute votre beauté, chères lignes aimées :
Le nez et le front droits, modelés avec art,
Et l'immobilité flottante du regard.

Ainsi, comme un serpent mal tué se ranime,
L'amour se tord au fond de ma langueur intime,

Et je sens revenir la vieille lâcheté
Que nous sait infuser dans l'âme la beauté.
Je voudrais dénouer encor les longues tresses
Qui, dérobant l'épaule, irritaient les caresses,
Et faisaient en tombant des liens à mes bras.
Mais non ! Le doux portrait qui souriait là-bas,
Et qu'avait fait revivre un éclat de lumière,
A retrouvé déjà sa pâleur coutumière ;
Il s'efface... et mon œil regarde avec effort
Le fantôme indécis comme on regarde un mort.

TABLEAUX PARISIENS

A M. ERNEST LEGOUVÉ

LES FENÊTRES FLEURIES

A CATULLE MENDÈS

Les Parisiens, entendus
Aux riens charmants plus qu'au bien-être,
Se font des jardins suspendus
D'un simple rebord de fenêtre.

On peut voir en toute saison
Des fils de fer formant treillage
Faire une fête à la maison
De quelques bribes de feuillage.

Dès qu'il a fait froid, leurs couleurs
Ne sont plus que mélancolie;
Mais cette habitude des fleurs
Est parisienne et jolie.

Ainsi, tout en haut, sous les toits,
L'enfant aux paupières gonflées,
Qui coud en se piquant les doigts,
A près d'elle des giroflées.

Quelquefois même, et c'est charmant,
Sur la tête de la petite,
On voit luire distinctement
Des étoiles de clématite.

Aux étages moins près du ciel,
C'est très souvent la même chose :
Un printemps artificiel
Fait d'un œillet et d'une rose.

Dans un pot muni d'un tuteur,
Où tiennent juste les racines,
Un semis de pois de senteur
Laisse grimper des capucines.

Les autres quartiers de Paris
Ont des fleurs comme les banlieues :
C'est que le ciel est souvent gris,
Et qu'elles sont rouges et bleues.

C'est qu'on trouve un charme, en effet,
A ce fantôme de nature,
Et que le vrai sage se fait
Des bonheurs en miniature.

LA CAILLE

A ANATOLE FRANCE

Bien des matins, quand je passais,
Au même tournant de la rue,
Dans ce cadre gris à l'excès
La campagne m'est apparue.

Une caille près d'un rosier
(Le printemps venait de renaître)
Chantait dans sa cage d'osier
Sur le rebord d'une fenêtre.

Un irrésistible désir
Porte sans fin vers la lumière
L'aile sans espace à saisir,
L'aile obstinée et prisonnière.

Dans ces cages aux barreaux blancs,
Sans la toile qui clôt leur faîte,
Aveugle et fou dans ses élans,
L'oiseau se briserait la tête.

Il veut sa claire liberté,
Et s'épuisant à cette lutte,
Il chante et jette au ciel d'été
Ses trois douces notes de flûte.

A Paris, dans le bruit banal
Ce chant d'oiseau charmait mon rêve.
Au feu du soleil matinal
Je voyais le blé vert qui lève.

J'avais les pieds dans les genêts
Et sur mon front l'azur superbe.
Les fleurs des prés, que je connais,
S'ouvraient comme les yeux de l'herbe.

Bien mieux encor que dans les chants
Du bouvreuil et de la linotte,
C'était le poème des champs
Évoqué par la triple note.

Je passe encor là quelquefois...
La fenêtre est toute pareille.
— Qu'est devenu l'oiseau ? Sa voix
N'arrive plus à mon oreille.

La prison, ce mortel tourment,
Plus ou moins vite blesse et navre.
Un matin s'est, clair et charmant,
Levé sur le léger cadavre.

AVRIL PARISIEN

A CHARLES MONSELET

Voici la lumière d'avril,
Voici les feuilles ! que faut-il
A l'âme triste pour renaître ?
Un peu d'amour, un peu d'azur,
Un rayon frileux sur le mur,
Un pot de fleurs à la fenêtre.

Le ciel pleure comme un enfant,
Mais le bon soleil réchauffant,
Malgré ses paupières mouillées,
Sourit quand même, brille un peu,
Et ces averses du ciel bleu
Sont des larmes vite essuyées.

Bien qu'il fasse encor presque froid,
Lorsque l'on sort, on a le droit
De laisser la croisée ouverte.
Le ciel est clair, tiède et joyeux,
Et l'on cherche partout des yeux
Une voiture découverte.

Les petits arbres des trottoirs
Sont tout nus encore et tout noirs,
Mais d'une haleine fraîche et pure
Par qui les branches fleuriront,
Avril va souffler sur leur front
Une poussière de verdure.

Les chapeaux des femmes ont l'air
D'avoir préparé tout l'hiver
Leurs légères métamorphoses.
Ils frissonnent dans les rayons,
Et l'on dirait des papillons
Aux ailes soyeuses et roses.

A la terrasse des cafés
Déjà les garçons bien coiffés,
Courant devant les tables rondes
En lignes sur deux ou trois rangs,
Servent les pâles mazagrans
Et les bières brunes ou blondes.

Tous les dimanches, près d'ici,
Vers Sèvres, vers Montmorency,
Un vent de voyage nous pousse,
Le vent des lumineux matins
Et des déjeuners incertains
Par la campagne verte et douce.

Nous nous en irons les premiers
Sur les côteaux blancs de pommiers
Sans penser à rien, sans rien dire,
Les yeux vaguement éblouis
De nos beaux horizons bleuis
Qui recommencent à sourire.

LE ROSSIGNOL

A M. LE COMTE D'OSMOY

Pour le contraindre à chanter mieux
Dans la cage, des mains cruelles
Au rossignol crèvent les yeux,
Mais ne lui brisent pas les ailes.

Le pauvre oiseau met à voler
Une obstination touchante ;
Aveugle, pour se consoler,
Il faut qu'il s'agite et qu'il chante.

Il se souvient qu'il faisait jour
Dans le feuillage des grands chênes,
Et qu'il avait des nuits d'amour
Au doux bruit des sources prochaines.

Comme autrefois il chante alors,
Son chant est-il plus beau ? Peut-être...
Il devine de ses yeux morts
Que le printemps vient de renaître.

Je ne ferais pas comme lui
Si j'avais perdu la lumière :
Le poids d'un incurable ennui
Chargerait sans fin ma paupière.

Ne voyant plus les soirs d'été
Ni les matins bleus dans leur gloire,
Je voudrais chasser la beauté
Et le soleil de ma mémoire.

Chanter ! J'aurais beau le vouloir :
J'aurais au cœur de telles fièvres,
Qu'un immobile désespoir
A jamais scellerait mes lèvres.

Puissé-je sous un ciel vermeil
Finir ma dernière journée,
Les yeux tournés vers le soleil
De quelque Méditerranée !

LES FLEURS DE PARIS

A SULLY PRUDHOMME

Pour faire tous les cœurs contents
Avril revient. C'est le printemps
Qui pleure, qui rit et barbotte,
Et qui, chargé de falbalas,
Nous offre ses premiers lilas :
« Fleurissez-vous ! deux sous la botte ! »

Puis, comme un rêve parfumé,
Les petites roses de mai,
Et les dernières violettes,
Avec les frais muguets des bois,
Pareils à des chapeaux chinois
Qui feraient trembler leurs clochettes ;

Les seringas et les œillets,
Points rouges, blancs et violets,

6

Fleurs en boutons et fleurs écloses,
Les bluets comme dans les blés,
Et les coquelicots mêlés
Aux résédas parmi les roses...

Car les jardins, les bois, les champs,
Qui connaissent bien nos penchants,
Ayant des fleurs, nous les envoient.
Ils en gardent toujours assez.
Nous marchons à pas trop pressés;
Il est bon que nos yeux les voient.

Que le pavé soit sec ou gras,
Jonchant les charrettes à bras,
Déjà souffrantes et pâlies,
Elles embaument, voulant bien
Ne rien coûter ou presque rien,
Bien que nous les trouvions jolies.

Frêles, elles mourront demain
Dans l'eau d'un vase, ou dans la main
Distraite et blanche d'une femme,
Et, bienfaisantes pour chacun,
En rendant un dernier parfum,
Elles exhaleront leur âme.

L'APPRENTIE

A HENRI GERVEX

Un petit carton à la main,
Le pied flottant dans la bottine,
Mangeant des fruits verts en chemin,
Jupe trop courte, elle trottine.

C'est l'apprentie, elle a treize ans ;
Elle s'en va chez les pratiques,
Grave, les traits intelligents,
Levant le nez vers les boutiques.

Elle a les vices du flâneur,
Et contemple, en mordant ses lèvres,
Les croix et les porte-bonheur
A la vitrine des orfèvres.

Un rien, le son d'un piano,
Le cri des marchandes de roses,

Éveillent ses yeux de moineau :
Elle voit et sait bien des choses.

A l'atelier, l'œil pétillant
Des confidences d'une grande,
Elle sourit en travaillant
Ou dit, sans qu'on le lui demande,

La chanson qui nous obséda,
Mais pour elle n'est point choquante :
« *Popaul, La canne à Canada*
« Ou bien *Pour vingt-cinq francs cinquante.*»

Ne sachant trop ce qu'elle veut,
Tirant la langue à la maîtresse,
Elle pousse comme elle peut;
Sans soins, sans joie et sans tendresse.

Le dimanche, jusqu'à midi,
Il faut qu'elle range l'ouvrage,
L'œil vague, le geste engourdi,
Sans conviction ni courage.

Trouvant que c'est peu de douceur
Et bien du mal pour ce qu'on gagne,
Elle songe à sa grande sœur
Qui doit aller à la campagne.

LE TERME DES PAUVRES GENS

À HENRI NAPIAS

Sur le pavé gras, inégal,
Malgré l'hiver, le front en nage,
L'homme tire comme un cheval
La voiture où tient le ménage.

Le dur brancard emplit sa main,
Son dos arqué tend la bretelle.
Fier de ses huit ans, le gamin
Aux côtés du père s'attèle.

Les paquets ne sont pas bien gros,
Si peu de linge les soulève!
Dans sa grosse toile à carreaux
Le matelas étique crève.

6.

Tout est banal, chétif, usé
Dans ce mobilier ridicule.
Pourtant parfois l'homme, écrasé
Du faix misérable, recule.

La pauvre femme suit des yeux
Et de la main cette fortune,
Tous ces objets flétris et vieux
Que l'éclat du jour importune.

L'esprit soucieux, le corps las,
On tiendra tous dans une chambre,
Dont les quatre murs sont, hélas !
Chauds en été, froids en décembre.

Donc en route ! je ne sais où,
Vers une existence incertaine,
Buttant du pied, tirant du cou
Entre le chômage et la peine.

LA ROTISSERIE

A LÉOPOLD DAUPHIN

Ce simple avis appétissant :
« Maison fondée en mil huit cent... »
Orne le ventre d'un satyre,
Sur une échoppe de faubourg
Dont le parfum graisseux et lourd
Flatte le passant et l'attire.

Sur des volailles en monceaux
Des volailles font des arceaux,
Car c'est une rôtisserie ;
Et, dans l'air, feston triple et doux,
Ces cadavres pendus pour nous
Brimballent avec symétrie.

Des dindonneaux en chapelets,
Des girandoles de poulets,
Une rangée épaisse d'oies
Font un spectacle sans égal.
Pour la bouche c'est un régal
Et pour les yeux ce sont des joies.

La flamme jette un éclat gai,
Le tourne-broche est fatigué.
J'aperçois neuf poulets qui fument,
Et trois garçons roses et gras,
Sans y penser, à tour de bras,
Qui plument, qui plument, qui plument.

Grands buveurs, mangeurs non petits,
Belles soifs, nobles appétits,
O Villon, mon maître, ô Gringoire,
Comme vous seriez bien ici,
Vous qui connaissiez le souci
De manger beaucoup pour mieux boire.

MARCHANDS DES QUATRE SAISONS

A RAOUL GINESTE

Pour tous chemins, pour horizons
Ayant la rue étroite et sale,
Le cours radieux des saisons
Est pour eux le cours de la halle.

Ils vendent, selon le moment,
Des choux, des pêches ou des roses,
Sans paraître faire autrement
La différence de ces choses.

Ils vont ainsi, l'oreille au guet,
Car chaque fiacre les dérange,
Mêlant le persil au muguet,
La pomme de terre à l'orange.

Jusqu'aux étages sous les toits,
Prodigieusement poussées,
Les fausses notes de leur voix
Trahissent des cordes cassées.

Qu'il fasse bleu, qu'il pleuve à seaux,
Sitôt les maisons réveillées,
Ils marchent le long des ruisseaux,
Les chaussures toujours mouillées.

Tandis que, poussé, le haquet
Roule, le cri répété semble
L'intermittence d'un hoquet.
Celui des vieux chevrotte et tremble.

Mais ce sont les femmes surtout
Dont la vue est triste et navrante,
Que talonne et suit jusqu'au bout
La misère persévérante.

Faites au labeur effrayant,
L'affreux foulard serrant leur tête,
Elles vont douze heures, n'ayant
Jours de repos ni jours de fête.

Parfois, dans leur sombre taudis,
La nuit aux pauvres gens clémente
Leur fait rêver un paradis
D'une naïveté charmante :

Auprès des anges, dans le bleu,
Parmi des choses indécises,
De bons fauteuils au coin du feu
Où les vieilles seraient assises.

OUVRIÈRE

A JEAN AICARD

Tous les matins, d'un grand courage,
Fraîche au sortir du bouge étroit,
L'ouvrière allant à l'ouvrage
Croise ma route au même endroit.

C'est plaisir quand elle est jolie,
Au milieu du chemin banal,
De la rencontrer qui déplie,
En marchant, le *Petit Journal*.

L'âge se lit à la poitrine,
Au frisson d'or des cheveux fous;
Elle a des robes de lustrine,
Les yeux hardis plutôt que doux.

Pour d'autres qu'elle, l'heure est brève ;
Le temps se traîne à l'atelier.
— Elle ne sait pas... elle rêve
Un bonheur vague et singulier.

L'air enfermé porte à la tête ;
Le ciel sourit d'un bleu moqueur.
A souffrir moins elle s'apprête ;
Et va laisser tomber son cœur...

Et le premier venu qui passe
Ramassera pour s'amuser
Ce cœur charmant ivre d'espace
Qu'il est si simple d'abuser.

AUX FORTIFICATIONS

A PAUL GODÉLIER

Des couples de petits rentiers,
D'ouvriers malingres et blêmes,
Habitants des pauvres quartiers
Où meurent les faubourgs extrêmes,

Le dimanche, n'y tenant plus,
Quittent la ville ainsi qu'un bagne.
Ils vont passer sur les talus
Une journée à la campagne.

Assis ou couchés vaguement,
En face des tables d'auberges,
Ils voient comme un site charmant
Les carrés de choux et d'asperges;

Les petits murs blancs, les enclos,
Les comptoirs d'étain dans les bouges,
Les blés grêles et les îlots
Des maisonnettes aux toits rouges.

Au sec pétillement des tirs,
Au grincement des balançoires,
Ils demeurent là sans désirs,
Parmi ces gazons dérisoires.

Simple et triste rapprochement ;
Corps chétifs, nature chétive !
Leurs yeux, qui brillent un moment,
Par une mémoire instinctive

Des paysages oubliés,
Cherchant plus loin une autre scène,
Regardent vers les peupliers
Qui marquent les bords de la Seine.

UN BAL A MONTMARTRE

A ÉTIENNE CARJAT

L'air épais et chargé des bals de la barrière
Qui mêlent au parfum des grogs et de la bière
Celui des pipes, près des saladiers de vin,
(Un cigare quelconque étant un luxe vain),
Le relent affadi des vagues cosmétiques,
L'odeur de renfermé des arrière-boutiques,
Cet air lourd, vicié de germes malfaisants,
Que respirent le soir des bouches de quinze ans,
Blesse, ici comme ailleurs, l'odorat et la vue.
Le violon est fou, la flûte saugrenue ;
Pour faire, à la reprise, éclater le piston,
On a choisi quelqu'un qui sût fausser le ton.
— C'est affreux : ces garçons blêmes qui font la haie ;
La mazurka coupée en deux, pour que l'on paie
Le chapeau sur la tête, et ce geste élégant
Des mains moites qu'on tient en l'air, vierges de gant.

Cependant du jardin aux bordures de tables
On voit les horizons aimés et redoutables,

Paris, tel qu'un géant dans la plaine étendu.
En été, quelquefois, un frisson d'air perdu
Un souffle, frais d'avoir ridé l'eau des fontaines,
Arrive jusqu'ici des collines lointaines.
On danse sous le ciel, et c'est déjà moins laid.
Des familles, pour voir, arrivent au complet :
Fillette de six ans frisée aux Batignolles ;
Belle-mère à rubans dont les nuances folles
Font mal à regarder et vous crèvent les yeux ;
Pour un cousin naïf, réel et sérieux,
Beaucoup de jeunes gens sans état; des modèles
Qu'amène le printemps comme les hirondelles,
Dont la bouche et les yeux valent un peu d'amour ;
Des fleuristes à qui l'on doit faire la cour.

Pour rendre cette joie, il faut mettre à la muse
Une robe de toile, et pour qu'elle s'amuse
La laisser s'accouder devant les verres pleins,
Ou jeter son chapeau par-dessus les moulins.

ENTERREMENT PARISIEN

A PHILIPPE BURTY

L'enterrement passait au milieu des baraques.

Il pleuvait, et le vent ridait la boue en flaques.
On entendait, bruyants dans leurs rébellions,
Des tigres miauler et rugir des lions.
Le morne boulevard, défoncé, long à suivre,
Éclatait d'oripeaux et de refrains de cuivre.
Sur le ciel quelque mât effilait un trait fin,
Et l'on allait toujours, et l'on allait sans fin.
Malgré soi, le regard que suivent les pensées
Se retournait pour voir les choses dépassées,
Et, de chaque côté, froid et brouillé par l'eau,
Surprenait un détail, tout un coin de tableau :
Dans l'écart d'une toile et d'un portant de planche
Un enfant en pierrot montrant sa face blanche ;

Ou, tournée en musique, avec des gens en l'air,
La bascule allongeant son grand orbe de fer.
Comme une obsession qu'on chasse et qui persiste,
Le contraste durait, parisien et triste.

Vers le bout de la fête, on dut encor passer
Devant une parade en train de commencer.
Les hommes étaient là, gonflant leur maillot rose ;
Et les femmes, semblant penser à quelque chose,
Belles d'une beauté prise je ne sais où,
Ramenaient un lambeau de gaze sur leur cou.
Le vieux pitre crevait dans sa peau d'écarlate ;
Et tous, lutteurs campés pour la lutte à main plate,
Danseuses frissonnant dans leur jupe à paillons,
Enfants heureux d'avoir ce clinquant de haillons,
Incroyables fanés, muscadins en délire,
Dames du Directoire et du premier Empire
Arrêtant sur leur bouche, en un commun accord,
Le rire commencé, saluèrent la mort.

MONTMARTRE

A EUGÈNE LETERRIER

J'ai lu dans des livres anciens,
Écrits par des Parisiens,
Qu'à la Saint-Pierre, chaque année,
Vers Montmartre, c'était grand train,
Et, dans un gai cadre forain,
Longue fête carillonnée.

Hélas ! ce vacarme n'est plus
Que passé, regrets superflus,
Chimère, souvenir classique ;
Et voici plus de quatorze ans
Que le saint, sans chômer d'encens,
Chôme de danse et de musique.

Le Progrès va-t-il à rebours ?
La vieille gaîté des faubourgs
Qui, ne voulant qu'un peu de place,
Avait le grand air pour levain,
S'éteint chez les marchands de vin
Dans un rire de populace.

Les dimanches, on monte encor
Par des ruelles de décor
Jusqu'au *Moulin de la Galette ;*
Mais des jeux vagues, des tonneaux
Le trapèze près des anneaux,
Où quelque gros bourgeois halette,

Des nippes jonchant les taillis,
Fleurissent dans tous les pays...
Heureusement c'est la banlieue
Perchée un peu haut, d'où l'on voit
S'étendre au loin, de toit en toit,
La ville immense, belle et bleue.

Profond et noble à vous troubler,
Ce spectacle peut consoler
De la perte de la Saint-Pierre ;
Et la Ville au grand bruit amer,
Aussi houleuse que la mer,
Remplissant toute la paupière,

Le matin, le jour ou le soir,
La nuit même il fait bon s'asseoir
Dans la brume couleur de perle,
Ou, se plaisant à s'attarder,
Aller, entendre et regarder
Paris sublime qui déferle.

UN COIN DE FÊTE A MÉNILMONTANT

A H. DE BEAULIEU

Le peuple de Paris est triste quand il pleut ;
Mais puisqu'il ne peut pas s'amuser comme il veut
Il faut par tous les temps qu'il fête le dimanche.
Cet effort de toilette et de chemise blanche,
Entre la boue épaisse et le ciel lourd et noir,
Tranche piteusement et vous fait peine à voir.
Pour les hommes cela passe encor. La casquette
Cadre assez bien avec la blouse ou la jaquette.
L'ouvrier ménager, vêtu d'un pardessus,
Peut, en se dandinant, prendre des airs cossus ;
Mais les femmes, que fouette et mouille la rafale,
Laissent, se retroussant, passer un jupon sale,
Et l'étoffe, à huit sous le mètre, à gros dessin,
Qui gêne à l'entournure ou bride sur le sein,

Et dérobe le pur trésor de la poitrine
Se colle sur le dos, indienne ou bien lustrine.
Les rubans du bonnet ou du pauvre chapeau
Criards, et soulignant la pâleur de la peau,
Claquent sur le visage ainsi que des lanières.
Les filles de seize ans vont faisant des manières,
Et, rieuses, le nez au vent, le cou tendu,
A côté de leur mère et de leur prétendu,
Toutes proches encor des grâces enfantines,
D'un talon inégal éculent leurs bottines.

Il pleut, et le regard qui cherche un horizon
Ne trouve, sous le jour éteint de la saison,
Que la pluie en traits fins pareils à des hachures
Brouillant la perspective et rayant les masures.
On entend les accords du fifre et du tambour,
Et la joie octroyée au populeux faubourg
Où ne rit aucun seuil, où nul rayon ne joue,
Se perd dans le brouillard, la tristesse et la boue.

CROQUIS D'OCTOBRE

A EUGÈNE MANUEL

Il est certains retours fidèles :
Nous savons que nous reverrons,
Au renouveau, les hirondelles,
Aux froids, les marchands de marrons.

Déjà, par les brouillards d'octobre,
On aperçoit, noir dans son trou,
Le Cévenol, rustique et sobre,
Qui gagne très peu, sou par sou.

Une vapeur tiède colore
Les échoppes sans écriteau,
Où la châtaigne cuit et dore
Son flanc meurtri par le couteau.

Les femmes mettent leur toilette
D'hiver, qui vaut celle d'été.
Mais l'air bleuit sous la voilette
Discourtoisement leur beauté.

C'est le froid, les moineaux s'arrangent
Des vieux nids trouvés sous les toits,
Et les petites filles mangent
Les marrons qui brûlent les doigts.

LES BOUTIQUES DE NOËL

A ARMAND SILVESTRE

Fête sur terre, fête au ciel!
Les enfants sont gais : c'est Noël
Avec ses petites boutiques.
Les joujoux sont à tous les prix,
Et les marchands ont tous les cris
Pour affriander les pratiques.

Le temps de pendre un écriteau,
De donner un coup de marteau,
Et la baraque est déjà prête.
Le passant ralentit le pas,
Et la jeune femme à son bras,
Regarde, sourit et s'arrête.

Aux deux côtés des boulevards,
Des trompettes et des buvards,
Des cuisines, des bergeries ;
Des oranges de Portugal
Dans des sapins, et le régal
Des mille vagues sucreries ;

Des lapins battant du tambour,
Et des beautés faites au tour,
Dont la tête est en porcelaine ;
Le plateau nain d'un thé complet,
Et des caniches à soufflet
Dans une broussaille de laine ;

Devises sur un mirliton,
Polichinelles en carton,
Chignons, œil d'émail des poupées,
Soldats de toutes les couleurs,
Et, malgré la saison, des fleurs
Encore vives ou coupées.

Les petits pauvres, étonnés,
Tendent le cou, lèvent le nez
Vers tant de merveilles étranges,
Qui ne sont pas faites pour eux.
Donnez-leur, pour qu'ils soient heureux,
Des sucres d'orge et des oranges.

Un Parisien bon à tout,
Entre deux baraques, debout
Montre un pantin, ou se promène ;
Son jouet n'est jamais commun :
Chaque année il en invente un,
Et ne le vend qu'une semaine.

Cela dure huit ou dix jours,
Puis tout s'en retourne aux faubourgs...
Il gèle, ou bien il pleut à verse.
C'est égal ! flâneur et léger,
Paris a pu, sans déroger,
Faire aller le petit commerce.

HIVER

A LÉON DIERX

Voici venir les mois d'hiver, les tristes mois.
La cognée a troublé la fête des grands bois ;
Et hêtres, chênes forts, cimes en bas jetées,
Arrivent à la ville en longues charretées.
Bois ! honneur des côteaux, gloire de la saison,
Vous venez égayer quelque riche maison ;
Ce n'est pas l'artisan, ni l'humble et pauvre femme
Que vous réchaufferez à votre rouge flamme ;
La faiblesse et la peine ont un seul droit, souffrir,
Et c'est pour les heureux qu'on vous a fait mourir.

O joyeux nids détruits, ô chansons envolées !
Devant ces troncs gisants qui formaient des allées,
Je songe à vous, grands bois, qui consolez de tout ;
Aux voûtes des chemins avec le ciel au bout,

8.

Et, remontant le cours de mes belles années,
A ces courses à deux jusqu'à la nuit menées,
A ces rires croisant le vol des papillons,
Quand le jour peint les fleurs de ses derniers rayons ;
A toute la magie adorable et profonde
Des verts rameaux penchés sur une tête blonde,
A la paix taciturne, aux murmures, aux voix
Qui sortent du printemps et qui hantent les bois.

LA FÊTE DES ROIS

A PAUL ARÈNE

Les Rois Mages et les bergers
Viennent des pays étrangers
Voir un berceau dans une crèche,
Et le couvrir de fins tissus,
Car le petit enfant Jésus
Aurait bien froid dans la nuit fraîche.

Ils ont marché pendant trois jours :
Une étoile d'un grand secours
Va devant eux pour leur apprendre
Où porter la myrrhe et l'encens ;
Mais le plus beau de leurs présents,
C'est leur âme naïve et tendre.

— Il reste de ce souvenir
Une coutume de tenir
Logis ouvert et table prête,
Le jour des Rois, pour qu'un ami,
Réveillant son cœur endormi,
Frappe à votre porte et s'arrête.

Tables de chêne ou de noyer
Se valent auprès du foyer,
Pourvu qu'un peu de flamme brille,
Et que les pères, triomphants
Dans la grâce de leurs enfants,
Comptent autour d'eux la famille.

D'un geste lent et préparé
On coupe le gâteau doré.
Le hasard seul donne la fève,
Ou l'on triche ; alors c'est plus gai,
Et chacun a l'air intrigué,
Ou d'être le jouet d'un rêve.

Le sort a parlé. « Le roi boit ! »
Il choisit sa reine du droit
De sa préséance éphémère :
Une petite fille, ou bien
La cousine qui ne dit rien,
Ou l'aïeule grave ou la mère.

L'étoile blanche s'envola...
Voici très longtemps de cela.
Des choses se sont accomplies,
Plus sûres peut-être. Le mieux
Est d'avoir un esprit pieux
Quand les légendes sont jolies.

EN CARNAVAL

A EMMANUEL DES ESSARTS

« Dieu ! que le son du cor est triste au fond des bois ! »

O forme d'un beau vers, coupe d'or où je bois,
Qui redonnes l'espoir et qui fais qu'on oublie,
Je m'enivrais du vin de ta mélancolie,
Ce soir, par un contraste insigne en vérité.
Hélas ! de lourdes mains touchaient à ta beauté !
Loin des chênes sur qui le matin se déploie,
Avant qu'avril ait mis au ciel un peu de joie,
Dans l'hiver, dans la nuit surprise tristement,
Des sots sonnaient du cor avec acharnement,
Offensant aux éclats de l'absurde fanfare
La musique divine et belle qui s'effare.
C'était la tolérance horrible des jours gras,
La face bleue, à pleins poumons, à tour de bras,

Ces gens pour qui jamais la grâce ne fut faite
Chômaient à leur façon ce dimanche de fête.

En France, au temps passé des roses carnavals,
Où les plis du satin frissonnaient dans les bals,
Où quelques violons sur un thème classique
Faisaient toute la joie et toute la musique,
Dans ce temps de plaisir léger qui s'envola,
On n'avait pas encore imaginé cela.

LE CIMETIÈRE

A ANDRÉ THEURIET

Un soir, nous revenions parmi les terrains vagues :
Montmartre devant nous faisait comme des vagues,
Géantes, d'un noir morne et sans nulle rumeur.
Le triste ciel d'hiver plaisait à notre humeur.
Au loin Paris avait sur son front la buée
Qu'il élève à cette heure, aube étrange ou nuée.
On ne le voyait pas ; on sentait seulement
La forge monstrueuse à son halètement.
Nous allions dans la nuit et dans le grand silence.

Des nuages chassés d'une âpre violence,
Passant devant la lune en un vol irrité,
Découvraient tour à tour ou voilaient sa clarté :
Et c'étaient tout à coup en des visions blanches
Un jardin maraîcher étroit, enclos de planches,
Une maison petite et basse aux volets sourds,
La misère et la paix sinistre des faubourgs ;

Puis ce fut un tournant de rue, une vallée
Subite, des cyprès, la fuite d'une allée,
Des tilleuls dépouillés et battus par le vent,
Le champ reconnaissable où l'on alla souvent,
Où d'étranges ferments revivent dans les arbres,
Un lointain tacheté par la blancheur des marbres,
Le cimetière enfin dans son nocturne effroi ;
Et je fus offensé, rêveur de peu de foi,
Du peu d'herbe où l'on dort lorsque la vie est lasse.
Le plus grand trépassé ne prend guère de place :
Au même espace tient la peine et le remords,
Et la terre commune accorde tous les morts.

Alors, comme un sanglot, monta dans ma pensée
Un amer souvenir de jeunesse passée ;
Je revis la blancheur d'un matin radieux,
Une femme qui fut la gloire de mes yeux,
Et qui faisait mon cœur épris d'elle si tendre
Que je n'essayais pas même de me défendre ;
Je me rappelai belle, hélas ! en vérité
Et ne touchant qu'à peine au seuil blond de l'été,
La jeune fille morte et couchée avant l'heure,
Qui pour moi fut la plus aimée et la meilleure,
Dont la grâce suivait en souriant les pas,
Qui pouvait vivre encore et ne le voulut pas.

PAYSAGES PARISIENS

LE MATIN

A ÉMILE BLÉMONT

Fraîches, d'un rose vif et pâle tour à tour,
Les heures du matin sont l'enfance du jour.
Du ciel elles ont vu la ville, leur amie,
Et donnent un baiser à la belle endormie.
Faites de transparence et de virginité,
Nul souffle impur ne touche à leur frêle beauté.
Ces heures ont encor des souvenirs d'étoiles;
De la pensée obscure elles lèvent les voiles,
Et, sereines, touchant le front comme un flambeau,
Elles en font jaillir l'étincelle du beau.

O blanche vision des formes reparues !
Si, l'esprit délié, l'on marche par les rues,
Ce ne sont point les sots que l'on rencontre encor,
La femme, oiseau d'amour, allant d'un vague essor,
Ni le loisir qui flâne ou le vice qui rôde.
— La bonne odeur du pain, inattendue et chaude,

9.

Vous invite du seuil ouvert des boulangers :
Les laitières ont fait leurs mélanges légers,
Et le lait baptisé des petites vachères
Bleuit encore un peu sous les portes cochères.
On rencontre déjà les voitures de fleurs :
Tous les parfums issus de toutes les couleurs,
Les roses, les bluets, cueillis avant d'éclore,
Qui nous viennent des blés et que Paris adore.
Parfois une charrette et son lourd attirail ;
Sur les trottoirs, des gens qui s'en vont au travail,
Des filles en sarrau, la mine chiffonnée...
Paris laborieux commence sa journée.
Comme la rue est vide, ou peu s'en faut, les pas
Sonnent distinctement et ne se mêlent pas ;
Et c'est pla'sir d'entendre à bruits vifs et rapides,
Ces soldats du devoir simplement intrépides,
Allant au même but par le même chemin
Qu'ils avaient fait hier et referont demain.

Puis le Louvre, les ponts, la belle mise en scène
Des arbres en bouquets au loin, et de la Seine
Attirant le regard à ses deux horizons.
D'un côté le palais immense, les maisons,
La Cité, proue énorme, et les deux tours jumelles,
Et le ciel découpant un clocher de dentelles ;
Et de l'autre, aussi loin que porte le regard,
Les ponts échelonnés l'un sur l'autre, l'écart
Et la courbe que font les bords, et les collines,
Et le vent du matin qui tord les mousselines

De la brume légère au-devant du soleil.

Ainsi le jour nouveau, magnifique et vermeil,
Brûlant à ses rayons l'aile verte du rêve,
Beau comme un jeune dieu, sur la ville se lève.

LES PREMIERS SOLEILS

A ALPHONSE HIRSCH

La nature a de clairs réveils
Qui devancent un peu l'aurore.
Rien ne vaut les premiers soleils,
Tout pâles de l'hiver encore.

Du fond des lourds nuages gris,
Chassant la tristesse des choses,
Ils reviennent baiser Paris
Qui rit d'avoir des maisons roses.

Ils préparent dans les jardins
La fraîche parure des branches,
Pour rendre aux pauvres citadins
La promenade des dimanches.

Le ciel garde quelques pâleurs
Des dernières mélancolies,
Mais déjà l'on pressent les fleurs,
Et les femmes sont plus jolies.

On dirait l'aube de l'été,
Et je reçois sous ma paupière
Et dans mon âme la beauté
En même temps que la lumière.

L'air s'étonne de resplendir ;
Mais le froid ne mord plus les plantes
Qui commencent à reverdir :
Et les heures semblent moins lentes ;

Déjà le ciel est presque bleu ;
Je peux entr'ouvrir ma fenêtre,
Les jours grandissent peu à peu,
L'amour même pourra renaître !

Le ciel m'accable ou m'éblouit :
Je suis triste si l'air soupire ;
Un peu d'azur m'épanouit ;
Un premier soleil me fait rire.

SUR LES PONTS

A ERNEST D'HERVILLY

L'été, quand je passais sur les ponts, le matin,
Je suivais du regard la fuite du lointain,
Les quais, leurs horizons d'arbres hauts et de pierres,
Et la beauté du jour entrait dans mes paupières.
Mais plus que les palais, les arbres, les maisons,
Plus que le ciel, baignant d'azur les horizons,
Je voyais, coupe verte où mon rêve s'abreuve.
Dans un cadre éclatant reluire le vieux fleuve,
Avec son cours précis, ou bien vague et rôdeur,
Et le frisson léger que donne son odeur.

Bercée au flot menu qui n'a pas de marée,
Je voyais la frégate à la rive amarrée,
Et, comme des maisons trop froides les hivers,
Les grands bateaux de bains aux volets gris ou verts.

Avec le va-et-vient de la batellerie,
Le fleuve, selon l'heure et le moment, varie.
Les *Mouches*, en sifflant, n'avaient pas pris l'essor,
Et les noirs remorqueurs ne fumaient pas encor.
Seulement, au courant de la rivière vide,
Un chaland que gouverne un marinier solide,
Et qu'on pousse du lourd aviron à deux mains ;
Un train de bois flottant au gré des verts chemins,
Ou rien que le soleil sur l'eau lente et tranquille.
C'était l'heure où le bruit s'éveille par la Ville,
Où grince sur le port la pelle de charbon,
Où des hommes hâlés, quand le soleil est bon,
N'ont que le pantalon de toile et la chemise.
On lisait : *Arion, Tibre, Seine-et-Tamise*
Aux poupes des bateaux, sur le bordage clair ;
Et l'eau coulait limpide et fraîche comme l'air.

J'ai quelquefois songé qu'en été rien n'égale
La fraîcheur du matin ni l'odeur fluviale ;
Et ce n'est pas pour être épars autour de nous
Que l'effluve en serait sans mérite ou moins doux.
Certe on peut aimer mieux l'odeur des mers superbes :
Mais, pour avoir mouillé les plantes et les herbes,
Les fleurs des nénuphars mêlés aux joncs penchants,
Cette eau porte à la ville un souvenir des champs.

AU JARDIN D'ACCLIMATATION

LES CIGOGNES

A HENRI WELSCHINGER

Sur un ton grave, mat et sec
Les cigognes claquent du bec ;
Paroles indéterminées !
Elles paraissent par moment
De leur œil fixe vaguement
Chercher les hautes cheminées,

Les toits dentés en escaliers,
Se dressant, bons et familiers,
Et d'une laideur sans vergogne,
Là-bas où le gîte est permis,
Sur la maison de leurs amis,
Maison aussi de la cigogne ;

Et dans un fantôme de vol,
Elles sautent tout près du sol,
Les ailes lourdes et cassées :
Ou bien, sans entendre et sans voir,
Sur une patte jusqu'au soir,
Elles méditent des pensées.

Hélas ! on n'acclimate ainsi
Rien que la peine et le souci ;
C'est l'espace qu'il faut aux ailes !
O prévoyance, ô cruauté,
Qui tiens ici, loin de l'été,
Les cigognes et les gazelles.

AU LOUVRE

A JULES BRETON

Le Louvre où j'épelai, poète adolescent,
Cette langue du beau que je lis à présent,
Car l'image en mes yeux évoquant la pensée,
C'est là que fut mon âme au rhythme fiancée,
Voit souvent mon regard de promeneur pieux
Levé vers Raphaël et vers mes premiers dieux.
C'est là que mon esprit cherche encore l'exemple.
Je marche recueilli comme on fait dans un temple.
Florence que j'ai vue au milieu de ses fleurs,
Venise, cette gloire unique des couleurs,
Rome même, la ville à la lueur étrange
Qui rapproche César géant de Michel-Ange,
Dont aucun vent de mort n'a soufflé le flambeau,
N'a rien de plus auguste ou même d'aussi beau.

Les blondes nudités sereines qui se lèvent
Aux murs de la Tribune, et dont les âges rêvent,
Sont ici. Giorgione à son Concert divin,
Splendeur auprès de qui tout lutterait en vain,
Éveille le Corrège idéal et si tendre
Qu'il faudrait être aussi Chénier pour le comprendre ;
Vinci prodigieux, Véronèse pareil
A quelque héros, fils fabuleux du soleil,
Titien pour qui Vénus posait royale et nue,
Les Primitifs charmants dans leur force ingénue,
Mantegna, Bellini qu'on ne peut oublier,
Fiesole dont les Saints conseillent de prier,
Tous ces Italiens, humbles ou magnifiques,
Rayonnent, pur honneur des vieilles Républiques,
Et loin du pays d'or, sous un ciel hasardeux,
Notre extase leur rend un culte digne d'eux.

LES MAISONS BASSES

A THÉODORE MAURER

Dans les ruelles des faubourgs,
Étroites, humides et grasses,
Vous savez, aux premiers beaux jours,
La tristesse des maisons basses.

Pauvres logis ! Sous le ciel clair
Leur mine semble plus chétive.
Les fenêtres ne donnent d'air
Que juste assez pour qu'on y vive.

Sous un mauvais bout de rideau
Les vitres de verre bleuâtre
Ont des taches de gouttes d'eau :
On ne voit pas de feu dans l'âtre.

On ne voit là que pauvreté,
Que ce qui souffre, louche ou boîte ;
La table en bois mal raboté
Étroite pour la vie étroite ;

Le fourneau de fonte, les crins
D'une chaise éraillée et dure,
Un lit, une cage à serins
Et du linge pour la couture.

Rien de ce qui sourit un peu
Ni dont le doux loisir s'égaie.
— Pourtant le ciel est déjà bleu
Et l'épine blanchit la haie.

Mais ici ne vient pas l'été.
Le soleil fuit les toits moroses,
Les jeunes femmes sans beauté
Et les enfants sans bouches roses !

TERRAIN VAGUE

A G. GUILLAUMET

Hier, près des Champs-Élysées,
En plein Paris, j'ai reconnu
Des fleurs des prés dépaysées
Au bord d'un terrain maigre et nu.

Complice des amours des plantes,
Le vent, baisant les gazons mûrs,
En porte les graines tremblantes
Dans les crevasses des vieux murs ;

Derrière une clôture en planches,
D'un peu de sable soulevé,
Jaillissent des fleurettes blanches
Aux fentes mêmes du pavé.

Il n'est muraille qui s'effrite,
Ni sol pelé, ni coins étroits,
Où, par quelque humble marguerite,
L'été ne reprenne ses droits.

Arrachez-les, mettez des pierres
En tas sur leurs frêles pâleurs,
Elles rouvriront leurs paupières :
On ne supprime pas les fleurs.

LA PETITE MAISON

A H. DE LAPOMMERAYE

Pourquoi la petite maison,
A la silhouette effacée,
A-t-elle plus que de raison
Pris mon cœur avec ma pensée?

C'est qu'afin que l'air attiédi
L'échauffe bien et la pénètre,
Elle tourne vers le midi
Le regard de chaque fenêtre.

C'est que, simple, faite de rien,
Riant de ses portes mal closes,
Elle a le toit italien,
Et près du seuil deux lauriers-roses.

C'est que, sur la terrasse, exprès
Basse et construite en pierres blanches,
J'ai vu noircir quelques cyprès,
Effilant en cône leurs branches;

Et dans des berceaux hauts et plats,
Où les feuilles peuvent s'étendre,
Les ceps monter comme là-bas
Et les grappes de raisins pendre.

Orientée au bleu de l'air,
Elle est charmante, et donne envie
D'y demeurer pour voir plus clair :
Le ciel est moitié de la vie.

Quel caprice a mis à Paris
Cette maison chaude et petite,
Qui, dans notre nord triste et gris,
Parle d'azur et nous invite?

BROUILLARD D'OCTOBRE

A ALPHONSE DAUDET

Comme au théâtre on voit la fuite bleue et rose
Des gazes se lever sur une apothéose,
Ainsi le gai matin, machiniste idéal,
Roule vers le Zénith le brouillard automnal.
Le voile moins épais de la vapeur tremblante
Découvre par degrés une vision lente.
La ville transparaît confuse, trouble encor,
Puis moins vague, puis claire, avec ses dômes d'or,
Ses flèches, ses toits gris, ses tours au ciel dressées,
Ses fenêtres, regards où luisent des pensées,
Son fleuve pâle et vert et que ride le vent
Et son horizon fin, radieux et vivant.

Il faut, pour goûter mieux la splendeur printanière,
L'automne pâlissant à son heure dernière.

Dans un azur égal l'immobile clarté
Sans doute lasserait notre âme de l'été.
Il faut nous mesurer le nombre des étoiles,
Et que même le ciel s'enveloppe de voiles.
D'ailleurs, cette rigueur de nos climats du nord
Garde pour la pensée un charme rude et fort.
Pas d'ivresse troublante et chanteuse, un jour sobre.
Le soleil est un vin : la sagesse d'Octobre
Le tempère, et son feu, vers l'arrière-saison,
Sans troubler le regard échauffe la raison.

LA NEIGE

Il neige : les moineaux sont tristes...
Ils ont le jeûne dans la voix ;
Sachant les hommes égoïstes,
Ils regardent blanchir les toits.

Il neige : Paris est livide ;
Il entr'ouvre des yeux dolents.
On dirait que le ciel se vide
En tourbillons frêles et blancs.

La pâle fourrure des rues
A beau luire jusqu'au lointain,
Des taches y sont apparues
Sous les premiers pas du matin.

Bientôt la neige sera boue,
Car de cette candeur aussi
La ville cruelle se joue.
Les neiges vivent loin d'ici !

Sur la blancheur fragile et tendre
Qui se fond en noir affligeant,
Les arbres persistent à tendre
Leurs purs filigranes d'argent.

L'HIVER AU JARDIN

A ALFRED PRUNAIRE

La neige a noirci sous les pas ;
Elle est restée intacte et pure
Dans le jardin qui ne sait pas
Qu'il a des arbres en guipure.

On dirait un décor d'argent :
La grande allée est solitaire ;
Les marronniers font en neigeant
Pleuvoir les fleurs du givre à terre.

Le buis, poudré par la saison,
En lignes distinctes marie
Aux bandes plates du gazon
La marge de sa broderie.

La fontaine de Médicis
Au loin montre, bien qu'abritée,
Polyphème blanc comme Acis,
Presque aussi blanc que Galathée.

Le cygne, amant de ces climats,
Semble avoir les ailes noircies.
Les terrasses ont des frimas
Dignes de toutes les Russies.

L'athlète grec au bras tendu,
Fouetté du froid, fait triste mine.
Les reines ont l'air morfondu
Sous leur pâle manteau d'hermine.

Les moineaux, hier turbulents,
N'ont plus le cœur à leur manége.
Les marbres sont plus gris que blancs,
Et pleurent des larmes de neige.

NOS CIELS

A LAURENT-PICHAT

Notre soleil est un flambeau
A la lueur vite pâlie.
Je me souviens d'un ciel plus beau,
Du ciel charmant de l'Italie.

Le nôtre est froid, revêche et noir
Et pleure pour la moindre chose.
Je me rappelle que, le soir,
Venise est blanche et toute rose.

Nos pauvres printemps de Paris
Ont à briller un mal extrême.
Ils sont chétifs, frileux et gris,
Mais c'est pour cela qu'on les aime.

Et puis ils sont parfois si doux,
Ils ont tant de grâce à sourire !
Ils s'entendent bien avec nous
Et savent ce qu'il faut nous dire ;

Si nos ciels n'emplissent les yeux
Que d'une lumière effacée,
Ce sont des ciels laborieux
Qui valent mieux pour la pensée.

TABLE

PAYSAGES PARISIENS

Imprimé

PAR A. DERENNE

POUR

ALPHONSE LEMERRE, ÉDITEUR

A PARIS

www.ingramcontent.com/pod-product-compliance
Lightning Source LLC
Chambersburg PA
CBHW051733090426
42738CB00010B/2246